GUERRE D'ORIENT.

1854. — 1855.

PROVINS, IMPRIMERIE DE LEBEAU.

LES ENFANTS DE PROVINS

EN CRIMÉE.

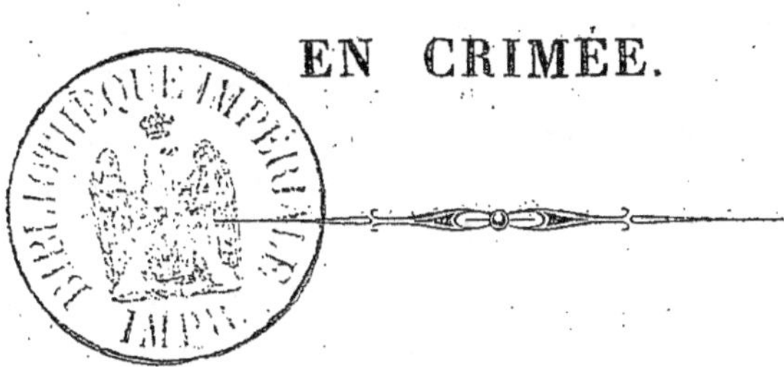

Je regarde la guerre d'Orient comme une Croisade de la
civilisation, qui donne à notre armée une illustration excep-
tionnelle. Selon moi, chaque ville devrait conserver les noms
de tous ses *croisés*. J'en ai exposé les raisons dans une lettre
au Conseil municipal, qui a bien voulu y faire droit. La
reproduction de cette lettre me semble être l'introduction
nécessaire à la décision du Conseil.

MESSIEURS,

Notre guerre d'Orient, en me rappelant celles du moyen-âge,
m'a fait rouvrir mon Ville-Hardouin, ce vieil historien,
l'un des chefs, l'un des héros de la Croisade de 1202. Son
gaulois, moins formé que celui de Joinville, donne un attrait
de plus au récit véridique et naïf du bon chevalier... mais
en le lisant nous éprouvons un sentiment pénible, nous
autres Provinois. N'est-ce pas triste de voir que les noms

1856

de ceux qui cédèrent à l'élan général, nobles, bourgeois, vilains et serfs, soient ensevelis dans l'oubli ? Ville-Hardouin ne nous cite que le haut et puissant seigneur Miles li Brebans de Provinz et ne fait mie mention d'altres bones gens de Champaigne et de Brie ?

Nous aimerions à retrouver parmi nous, à montrer à nos enfants les fondateurs de l'Empire Latin. C'est un beau titre de famille !...... Que ceci nous serve, Messieurs...... Après cinq cents ans et plus, voici une nouvelle guerre d'Orient ; trois grandes puissances y mettent leurs forces. Il ne s'agit rien moins que de sauver l'Europe, de dire à la Russie, comme Dieu à la mer : *Tu n'iras pas plus loin* !.. Déjà plus de cinquante de nos jeunes Provinois ont donné sur le champ de bataille et sur les ruines de Sébastopol, des preuves d'un courage, d'une bravoure toute française, et les lauriers de plusieurs ont été payés de leur sang et de leur vie. Ne restons pas insensibles à tant de dévouement, gardons bien leurs noms, et qu'un jour on dise à Provins : Noël, Châtelain, Duvoy, Picou, Destremau, Linard, étaient là ! Genneau y fut nommé Commandant ; de la Mortière, Colonel ; Prieur, Lieutenant ; Dusautoy, Chef de Bataillon.

Messieurs, je vous propose de faire inscrire sur un tableau, déposé dans la salle de vos séances, les noms de tous les enfants de Provins qui ont pris part à la *grande expédition* ; qu'il soit exposé à tous les regards, pour l'honneur des familles et l'encouragement de nos jeunes conscrits.

Votre sagesse, Messieurs, peut donner à ces quelques mots toute l'extension qu'ils indiquent.

Agréez, Messieurs, l'assurance de mon vif attachement.

Max. MICHELIN.

Provins, 25 *décembre* 1855.

NOMS ET RENSEIGNEMENTS.

AUGER (Adolphe), engagé volontaire, Caporal, 62ᵉ régiment de ligne, 3ᵉ compagnie, voltigeurs.

BEAUJEU (François), 48ᵉ de ligne.

BOUDIER (Pierre-Louis-Isidore), engagé volontaire, Sergent-Major, 7ᵉ bataillon de chasseurs à pied ; fait partie, depuis la prise de Sébastopol, du 1ᵉʳ régiment des zouaves de la Garde impériale.

« Sétif, le 29 Juillet 1854.

« Monsieur le Maire de Provins,

« Le 7ᵉ bataillon de chasseurs à pied, de la division de
« Constantine, vient de prendre part, pendant le mois de
« juin et de juillet, à une expédition en Kabylie, pendant
« laquelle les soldats ont eu à supporter de grandes fatigues,
« et à courir des dangers nombreux et réels ; beaucoup
« d'entre eux ont fait des actes militaires qui les honorent ;
« les bulletins et les rapports ne peuvent mentionner ces
« actes individuels. Je regarde comme un de mes principaux
« devoirs de vous faire connaître les noms des militaires
« appartenant à la commune que vous administrez, qui ont
« été signalés par leur belle conduite.
« BOUDIER, P.-L.-I., Sergent-Major, remarqué au combat
« du 2 juillet.
« Je suis convaincu d'avance que vous apprécierez le senti-
« ment de justice qui me guide en cette circonstance, et que

« vous viendrez me prêter votre concours en faisant connaître
« cette lettre à la famille du brave militaire qu'elle concerne.
 « J'ai l'honneur d'être, Monsieur le Maire, votre très-
« humble et très-obéissant serviteur.

« Le Chef de bataillon, Commandant le 7ᵉ bataillon de chasseurs à pied.

« DE BELLEFOND. »

BRIDOU.

CHATELAIN (ALEXANDRE), Garde impériale, 2ᵉ régiment de
voltigeurs, 2ᵉ bataillon. Tué d'un éclat d'obus à la tranchée,
dans la nuit du 5 au 6 septembre.

CHEMIN (CHARLES-FRÉDÉRIC), engagé volontaire, Grenadier,
91ᵉ de ligne. Campagnes de Rome et d'Afrique dans le
15ᵉ léger.

CHENU (ERNEST-CYPRIEN) Chirurgien-Aide-Major, engagé
volontaire, Sous-Lieutenant, 4ᵉ régiment d'infanterie de
marine. Blessé à la bataille de l'Alma, se distingue à
Inkermann ; blessé de nouveau le 8 juin, à l'attaque des
Travaux Blancs, il survit quelques jours à ses blessures, et
peut encore, le 19, écrire à sa mère une lettre où se montrent
les sentiments d'un bon fils et d'un brave militaire.

CRÉTIEN (EUGÈNE), engagé volontaire, Caporal, 1ᵉʳ bataillon,
zouaves. Campagnes d'Afrique. Libéré la veille de l'attaque
du Mamelon-Vert, reprend son fusil et marche avec ses
camarades.

COLAS (LOUIS-JEAN-BAPTISTE), Voltigeur, 82ᵉ de ligne. Alma
et Inkermann.

CONORD (ANDRÉ), 19ᵉ bataillon, 3ᵉ compagnie, chasseurs à
pied. Blessé gravement au pont de la Tchernaïa. Coup de
feu au-devant de la tête.

CONORD (Louis), 1er chauffeur à bord du *Pharamond*; nombreuses traversées de Constantinople en Crimée.

CORMIER (Jules-Isidore), 64e de ligne, 2e bataillon, 3e c.ie

COURTELLEMONT (Désiré), 98e de ligne.

GRUEL (Eugène), 62e de ligne. Mort dans la traversée, à bord du *Trident*.

CUSSINET (Ernest), engagé volontaire, 82e de ligne.

DESTREMAU (Arthur), Lieutenant d'état-major, Officier d'ordonnance du général de Salles. A l'attaque du Grand-Redan il voit tomber à côté de lui le général Rivet.

DODON (Ernest-Honoré), Sergent - Fourrier, grenadiers, 15e de ligne.

DUJEU (Félix), engagé volontaire, 26e de ligne (Africain), 1er bataillon, 3e compagnie, 1re division du 1er corps de l'armée d'Orient. Epargné par les balles, — tué par le choléra pendant l'expédition de la mer d'Azof.

DUPONT (Bastien), engagé volontaire, Garde impériale, 1er bataillon, chasseurs à pied. Atteint mortellement d'un coup de feu à l'attaque de la tour Malakoff.

DUSAUTOY (Eudoxe), Chef de bataillon, 14e de ligne; Adjudant-Major au 95e de ligne, remplissait à la bataille de Tracktir les fonctions d'officier d'ordonnance du général de Failly. Deux blessures, un cheval tué sous lui. Commandant de bataillon pour sa belle conduite du 16 août.

DUVOY (Jules), 26e de ligne, 2e bataillon, 1re compagnie. Le 8 septembre, devant Sépastopol, une balle traverse son képi et brise son fusil.

FAC (Joseph), 20ᵉ de ligne. Blessé trois fois, le 8 septembre, à l'attaque de la tour Malakoff ; il écrit le 20....

« *Du camp de Tracktir, près la Tchernaia.*

« Mes chers Parents,

« Je mets la main à la plume, c'est pour vous apprendre
« l'état de ma santé, etc., etc.

« Je vous dirai aussi que ce petit galon d'argent que je vous
« envoie dans cette lettre, sera un grand souvenir pour moi.
« Il vient de la coiffure d'un officier Russe. Nous étions face à
« face, il fallait que lui ou moi tombât. J'ai eu le bonheur de
« réussir, ce qui fait que je me suis emparé de cet objet. »

FRISSON (Auguste-Adolphe), engagé volontaire (1852), Sergent au début de la campagne de Crimée. Fourrier, décoré de la médaille militaire pour *sa belle conduite à l'Alma, à Yéni-Kalé et à Caffa ; pour ses services de tranchées et pour s'être fait remarquer à la première attaque de la tour Malakoff.* Sous-Lieutenant le 6 juillet 1855, 19ᵉ de ligne.

GELÉ (Achille-Ferdinand), engagé volontaire, Sergent-Fourrier, 79ᵉ de ligne.

GENNEAU (Pierre-Alexis), engagé volontaire, Capitaine des francs-tireurs, Commandant du 3ᵉ bataillon des chasseurs à pied ; chevalier de la légion d'honneur et de l'ordre du Medjidié (Turquie).

GERMAIN, élève des hospices, engagé volontaire, 92ᵉ de ligne, 1ᵉʳ bataillon, Grenadiers. Mort à l'hôpital de l'Université, à Constantinople, le 20 octobre, à neuf heures du soir, à la suite de l'amputation du bras gauche.

GERVAIS (Auguste-Jacques), Capitaine d'Etat-Major, Aide-de-Camp du général Morris. Parti pour l'Orient en mai 1854; blessé à Inkermann d'un éclat d'obus à la cuisse. Il était présent aux affaires de Tracktir, de la Tchernaïa, etc.; il portait les ordres aux Piémontais.

GERVAIS (Alfred-Albert), Aspirant de marine, embarqué à bord du vaisseau *le Trident*, en mai 1854. A fait la première campagne de la Baltique; était à la prise de Bomarsund, où son vaisseau a reçu plusieurs boulets. Au retour, parti immédiatement pour la mer Noire, il n'a cessé de faire des voyages de transport, quatre fois de Toulon à Kamiesch, Eupatoria, Constantinople.

GRANDJEAN (Alexandre), engagé volontaire, Brigadier, 4e hussards.

HERBELIN (Louis-Joseph), 31e de ligne, 3e bataillon, 1re compagnie.

HOFFMANN (Jules), engagé volontaire, 14e de ligne. Passe en Crimée après le siége de Bomarsund.

LAMBLET (Charles-Marie), Caporal, 3e zouaves.

LEBEAU (Jules), Soldat, 4e section des ouvriers de l'administration de la guerre.

LECLERC (Jules-Antoine), engagé volontaire, 4e hussards.

LINARD (Auguste), Sergent, 17e bataillon, chasseurs à pied, 7e compagnie. De garde à la tranchée dans la nuit du 24 au 25 août, il est blessé par un éclat d'obus. Les Provinois, ses camarades, Xavier Mouchin surtout, ont pourvu à ce qui pouvait lui manquer à l'ambulance. Espérons que leur active sollicitude nous l'aura conservé... Non, malheureusement... Il succombe à Constantinople, le 6 septembre, des suites d'une plaie pénétrante de l'abdomen.

MAILLET (Louis-Alexandre), engagé volontaire, 1er de zouaves.

MANNEVI (Jean), 31e de ligne, 3e bataillon, 1re compagnie.

MARTINBON (François), engagé volontaire, 86e de ligne. Les joues traversées par une balle; il a été transféré à Constantinople. Sert d'ordonnance au chirurgien en chef des hôpitaux.

MAUGUIN (Pierre-Epiphane), Caporal, 77e de ligne. Siége de Bomarsund, à bord du *Saint-Vincent*.

MEURET (Adolphe-Didier), Caporal, 86e de ligne. Toujours au premier rang. Signalé à l'ordre de son régiment.

MORTIÈRE [DE LA] (Charles-François-Henri), Colonel du 4e hussards. Officier de la légion d'honneur, *pour avoir fait preuve de sang-froid et de vigueur* dans le combat de Kougil (29 septembre 1855), glorieux fait d'armes pour son régiment.

MOUCHIN (Xavier), engagé volontaire, Sergent-Fourrier, 61e de ligne, grenadiers. Est blessé d'une balle à l'épaule, le 8 septembre, à l'attaque des Batteries Noires, entre le Redan et Malakoff, après avoir pris part au combat, de une heure à cinq heures du soir.

NOEL (Frédéric), engagé volontaire, Lieutenant, 61e de ligne, Chevalier de la légion d'honneur. Mort à l'ambulance le 29 septembre.

Renversé sur les remparts de Sébastopol, voici ce qu'il a pu écrire sur son carnet. Son père l'a reçu hier avec sa croix d'honneur et son brevet de lieutenant :

A mon père,
Le 8 septembre 1855,
à deux heures de l'après-midi.
Une balle vient de me casser la cuisse.
Je n'espère pas survivre.
Je vous fais mes adieux.
Vous aurez mes dernières pensées.
Il est bien entendu que tout ce que j'ai vous reviendra.
Mon frère, ma nièce, Eugène (*),
Je vous embrasse.
NOEL.

NONAT (Paul-Jean-Baptiste-Prudence), engagé volontaire, Sergent-Major, 17ᵉ bataillon, chasseurs à pied. Soldat plein d'avenir. Tué d'une balle au front, le 7 juin, à sept heures et demie du soir, à l'attaque des batteries du Mont-Sapoule.

NOVION (François-Eugène), 31ᵉ de ligne, Musicien. Camp de Tracktir.

PAQUELIN (Alexandre), engagé volontaire, Caporal, 42ᵉ de ligne. Blessé pour la quatrième fois en combattant bravement. Prisonnier avec quelques hommes de bonne volonté, dans les ouvrages avancés du Grand-Redan. Attend à Odessa son échange.

PICOU (Charles), engagé volontaire, Caporal de voltigeurs au 27ᵉ de ligne, est un des quinze premiers montés à l'assaut

---

(*) Eugène Crétien, son meilleur ami et digne de lui.

de la tour Malakoff, le 8 septembre ; blessé grièvement à la tête à deux heures, est resté sur le champ de bataille jusqu'au soir. Ce jeune homme, rempli d'élan, a fait preuve d'une grande énergie. Il a été nommé Sergent.

(Note de son Colonel, M. le baron Neigre).

Dans la journée du 8 septembre, le Colonel, le Lieutenant-Colonel et grand nombre de soldats du 27ᵉ, tombèrent intrépidement sous une grêle de balles.

PRIEUR (Alexandre), Lieutenant, 4ᵉ hussards.

REMBLAIS.

RICHÉ (Adolphe), engagé volontaire, 39ᵉ de ligne.

ROBLIN (Alexandre), engagé volontaire, Sergent-Major de grenadiers, 86ᵉ de ligne ; nommé Sous-Lieutenant, pour s'être distingué à Inkerman et pendant le siége. Blessé à la tranchée le 27 août. — Meurt le 5 septembre.

SAGEON (François-Louis), 2ᵉ régiment de voltigeurs de la Garde impériale, 3ᵉ bataillon, 2ᵉ compagnie.

SUINOT (Ernest), engagé volontaire, 1ᵉʳ régiment, infanterie de marine.

On voit maintenant qu'on ne peut dresser, remplir, compléter le TABLEAU, que par des renseignements positifs et précis. Les familles seules peuvent les fournir... les noms et prénoms de leurs enfants, l'indication du régiment, etc. Voilà ce qu'il faudrait adresser à la Mairie le plus tôt possible.

Provins, le 17 janvier 1856.

LE MAIRE DE LA VILLE DE PROVINS,

A Monsieur le Docteur MAXIMILIEN MICHELIN.

MONSIEUR,

Le Conseil Municipal, sous les yeux duquel j'ai placé votre lettre relative aux jeunes Provinois qui soutiennent en Crimée l'honneur du drapeau Français, a accueilli avec un empressement unanime et sympathique votre proposition de faire dresser un tableau destiné à l'inscription de leurs noms. Aussi cette assemblée m'a-t-elle chargé de vous remercier de l'heureuse pensée que vous avez eue de signaler à la reconnaissance publique les braves qui prodiguent leur sang pour la défense du pays.

Le tableau nominal, dont vous désirez la publicité, sera, j'en suis certain, un puissant motif d'émulation pour nos jeunes conscrits. Il excitera dans leur cœur le plus noble enthousiasme. Si le sort les appelle sous les drapeaux et les conduit un jour sur des rives lointaines, ils se souviendront avec bonheur, qu'au sein de leur ville natale une main amie a sauvé leurs noms de l'oubli.

Veuillez agréer, Monsieur, l'expression de mes sentiments les plus distingués.

Le Maire de Provins,

MEUNIER.

Extrait du Registre des délibérations du Conseil Municipal de Provins.

Séance du 28 Décembre 1855.

L'an mil huit cent cinquante-cinq, le vingt-huit du mois de décembre, le Conseil Municipal de Provins s'est réuni au lieu ordinaire de ses séances, à l'Hôtel-de-Ville, où étaient présents :

MM. MEUNIER, Maire, *Président ;* LEBEAU, Adjoint ; LUCQUIN, GARNIER (Victor), BOURGEAT, PRIEUR, ARNOUL, RAY, BOBY DE LA CHAPELLE, RAFFENON, BELLANGER aîné, CHARLOT, MICHAUD fils, CRUEL, DEBRAY-CHOLLET, SIGNORET, PARISOT, MILLET, LESTUMIER, MAYAUD, PETIT, GUINET et DEVERT.

Ce dernier remplissant les fonctions de secrétaire.

M. le Maire donne lecture d'une lettre de M. Michelin, qui demande que les noms des Provinois qui ont pris part à la guerre actuelle soient inscrits sur un tableau, afin que ces noms survivent à l'oubli.

Le Conseil, s'associant à cette patriotique idée, décide qu'aussitôt la fin de la guerre, et lorsque les noms de tous ceux qui auront fait partie de cette expédition si glorieuse seront définitivement connus, ces noms soient inscrits sur un tableau qui sera conservé dans les archives de la ville.

Pour extrait conforme :

Le Maire,

MEUNIER.